¡No quiero compartir!

¡Es mío! ¡Es mío! ¡Es mío!

Jimmy Huston

Cosworth Publishing

Todas las imágenes con licencia de *Shutterstock.com.*

Cosworth Publishing
214 Erbes Road
Thousand Oaks CA USA 91362
www.cosworthpublishing.com

Para más información sobre este consentimiento, escríbanos a *office@cosworthpublishing.com.*

¡Es para mí!
¡Solo para mí!
¡Yo, yo y yo!

Compartir es una tontería.

No pasa nada. La mayoría de la gente no quiere compartir.

Al menos no al principio.

No tienes que compartir.

A menos que quieras amigos.

Piénsalo bien.

¿Alguna vez alguien comparte cosas contigo?

¿Probablemente?

Seguro.

Así es como funciona el mundo.

Todos compartimos cosas entre nosotros.

Incluido tú.

Cuando escuchas un chiste muy gracioso, ¿se lo cuentas a un amigo?

Cuando escuchas una nueva canción que te gusta,
¿se la cuentas a alguien?

Eso es compartir.

Tienes un juguete favorito, ¿verdad?

¿Dónde lo conseguiste? ¿Te lo dio alguien?

¿Cuánto tiempo lo has tenido?

Has jugado mucho con él, ¿verdad?

¿Por qué te importaría que otra persona jugara con él?

Lo recuperarás. Seguirá siendo tuyo.

¿Aún no quieres compartirlo? ¿Aún crees que es una
tontería?

Algunos niños pequeños no quieren compartir.

Algunos niños mayores no quieren compartir.

Algunos niños no quieren compartir.

Algunas niñas no quieren compartir.

No querrás ser el niño del que todos dicen que no le gusta compartir.

Ese no es el niño que tiene muchos amigos.

Quizás hayas notado que los otros niños se divierten mucho— juntos.

¿Crees que la gente debería compartir contigo?

Quizás tú no— pero...

... ¿de dónde sacas tus comidas?

¿Alguna vez has necesitado que te lleven en coche?

¿Vives solo?

¿A veces pides cosas a otras personas?

¿No quieres compartir? Eso pasa.

Quizás este no sea el libro adecuado para ti.

Cierra el libro hasta que necesites algo de alguien.

Cualquier cosa.

Incluso atención.

Así que adelante. Cierra el libro.

No estás de humor para pensar en compartir.

Ni siquiera pases la página. Simplemente cierra el libro.

Y Puedes volver más tarde si cambias de opinión.

Quizás leer no sea lo tuyo.

Eso es porque un libro comparte información.

Comparte pensamientos contigo (tanto si los quieres como si no).

De hecho, esos pensamientos se comparten con todos los que leen este libro, los que lo han leído o los que lo leerán.

Eso es compartir mucho.

Así que no pases la página a menos que estés listo para compartir.

¿Has pasado la página?

¿Has seguido leyendo o has vuelto al libro?

En cualquier caso, está bien, porque estás pensando en compartir.

Eres bienvenido aquí. Me alegro de tenerte aquí.

Compartir empieza pronto.

Eso es bueno.

Los padres comparten con los niños.

Eso es importante porque hay muchas cosas que los niños no pueden hacer.

Los niños no pueden cocinar.

Los niños no son buenos bomberos ni policías.

Los niños no pueden conducir.

Los niños tampoco son buenos astronautas. Ni médicos. Ni jueces.

Algún día podrían serlo, si alguien comparte conocimientos y experiencia con ellos.

Recuerda que, cuando compartes, es algo recíproco.
Tú compartes con alguien y alguien comparte contigo.
Recibirás algo a cambio.

Lo más fácil de compartir es una sonrisa.

Inténtalo.

Sonríe a alguien.

Te la devolverán.

Hay muchos tipos diferentes de compartir.

Todos compartimos experiencias.

Compartimos los parques infantiles con los demás.
Eso puede significar turnarse en los columpios o en
el tobogán, o simplemente correr por ahí— pero se
está compartiendo el patio.

Un parque infantil vacío parece algo estupendo,
pero al cabo de unos minutos te sientes solo.

Puedes hacer lo que quieras, pero no hay nadie con
quien compartir la diversión.

Recuerda que compartir funciona en ambos sentidos.

Turnarse también es compartir.

Tendrás tu turno.

Todos tienen su turno.

Eso es compartir.

Quizás un poco menos para ti y un poco más para otra persona.

Pero al final todo se equilibra.

¿Alguna vez has ido a una fiesta?

¿Te volvieron a invitar?

Las fiestas son para compartir.

¿Alguna vez has organizado una fiesta?

¿Querías que viniera gente?

Eso es compartir.

¿Bailas solo?

¿O bailas con pareja?

Compartir un baile puede ser muy divertido.

¿Te gusta cantar con amigos?

Eso es compartir en voz alta.

¿Tienes un perro o un gato? ¿O alguna otra mascota?

¿Cómo te hace sentir tu mascota cuando compartes tiempo con ella?

Y hay un tipo especial y personal de compartir para los momentos difíciles en los que no quieres estar solo.

A veces ayuda compartir las malas noticias.

Cuando te sientes mal, ¿se lo cuentas a alguien?

Estar enfermo solo no es bueno.

Tu médico comparte sus conocimientos sobre qué medicamentos son los mejores para cada enfermedad.

Tu mamá comparte su conocimiento sobre cuánto medicamento darte y cuándo.

También es bueno compartir el trabajo, aunque solo sean tareas sencillas.

Puedes pedir ayuda o puedes ayudar a otros.

¿Alguna vez has formado parte de un equipo?

Compartes la acción, la diversión y el trabajo.

Compartes las victorias y las derrotas.

Todos compartimos las fiestas y celebraciones. Aunque no estemos juntos, tenemos los mismos motivos para celebrar. Hacemos muchas de las mismas actividades, aunque estemos lejos unos de otros.

También compartimos picnics, playas, desfiles, parques y mucho más.

Los profesores comparten todo lo que saben y que tú aún no sabes.

Ese conocimiento te será muy útil.

Ya lo verás.

Los viajes compartidos y los autobuses también son formas de compartir.

¿Prefieres viajar con otros o caminar solo?

Todos compartimos las mismas carreteras.

Nadie puede pagar su propia autopista personal.

Por eso, compartimos los costes de su construcción
y luego compartimos las carreteras.

Compartimos libros en las bibliotecas, entretenimiento en los teatros, información en Internet y conocimientos en las escuelas.

Las personas de un lado del país comparten las mismas cosas que las personas del otro lado.

En tiempos de dificultad, compartimos comida, refugio y asistencia médica.

A veces es algo pequeño, pero otras veces todo un barrio necesita ayuda.

Por eso tenemos policías, bomberos, médicos, carpinteros, conductores de ambulancias, cocineros, profesores y clérigos.

Es reconfortante saber que, cuando tenemos emergencias, personas que ni siquiera conocemos nos ayudarán compartiendo.

Muchas personas comparten su tiempo y su experiencia para ayudarnos cuando lo necesitamos.

Hay un intercambio personal, con amigos o familiares.

Y hay un intercambio global, con todo el mundo.

Si, a todos.

Todos estamos conectados por la misma atmósfera.

Todos la respiramos y de ella obtenemos nuestro clima— y eso significa nuestra agua.

Esas son dos de las cosas más importantes que todos necesitamos para nuestros cuerpos.

Ya basta de compartir con todo el mundo.

Estábamos hablando de ti.

Compartir es una de las formas de hacer amigos.
También es una de las formas de conservarlos.

¿Estás listo para compartir?

Empieza con una sonrisa.

Luego, si quieres compartir—demuéstralo.

Comparte este libro con alguien.

FIN

Sobre el autor

Jimmy Huston nació en Athens, Georgia, y ahora vive en Woodland Hills, California, con su esposa y su perro.

A veces escribe guiones y hace películas, se disculpa sinceramente por todos sus libros tontos.

Otros libros infantiles curiosos de Jimmy Huston

www.byjimmyhuston.com

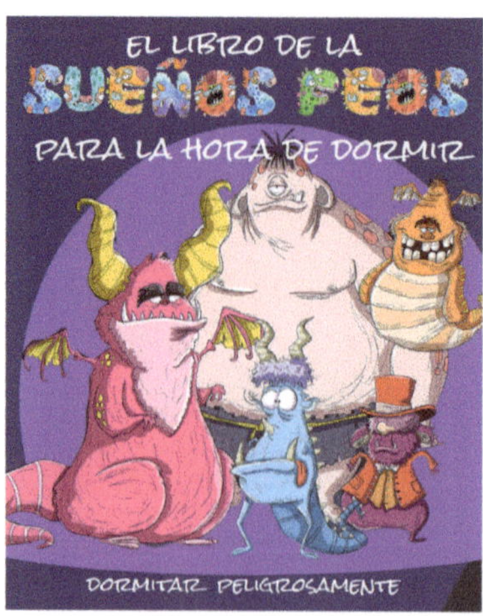

Libros curiosos sobre la neurodiversidad

www.cosworthpublishing.com

¿Quién* compra libros para un niño con dislexia?

Dar un libro de autoayuda a un niño disléxico es como ofrecer un vaso de agua a alguien que se está ahogando.

Así que pide que alguien te lo lea para escucharlo y pensar sobre él – y mira los dibujos.

Este libro también está disponible en Audible como audiolibro. (Tendrás que imaginarte las fotos.)

www.cosworthpublishing.com

* Alguien que se preocupa.

Mas libros de Jimmy Huston
www.cosworthpublishing.com

ENCUÉNTRALO ALLÁ DONDE ODIEN LOS LIBROS

Si estás leyendo esto, este libro no te va a gustar.

No es para ti.

Este libro es para las personas que no lo están leyendo.

A ellos tampoco les gustará, pero es corto.

Eso les gustará.

"En realidad no leí este libro. Si lo hubiera leído me habría encantado — pero nunca lo haré."   Billy

"La palabra odio no alcanza. Detesto leer. Ni siquiera me gusta mirar los dibujos - que además no tiene."   Wally

"Esto no es lo que escribí sobre este estúpido libro."   Zane

"Este es un gran libro para la mesita, si tu mesita odia leer."   Solomon

"Este libro hizo llorar a mi profe."   David

"Mi hijo amó este libro. Dijo que estaba delicioso."
          Sr. Jones

"ESTE LIBRO ES TAN ESTÚPIDO QUE HASTA YO PODRÍA HABERLO ESCRITO."   Jimmy

www.cosworthpublishing.com

¿PRIMER HIJO?

Malas noticias. No hay salida. Por eso es imprescindible que lo hagas bien, tanto si eres el padre como el bebé.

Ser un bebé no es fácil, por lo que este útil manual es tu mejor oportunidad para envejecer con dignidad durante los primeros doce meses.

Información privilegiada sobre el popó, además de los vómitos y la lactancia materna.

Escrito con perspicacia por un antiguo bebé.

Gracias por comprar, pedir prestado o haber robado este libro maravilloso.

En Cosworth Publishing lo apreciamos, y a cambio queremos ofrecerte uno de nuestros libros en formato digital completamente gratis—valen cada centavo.

Solo avísanos que lo quieres, y nos aseguraremos que lo recibas. Avísanos cuál ya has leído para no enviarte el mismo.

Envía un correo a *office@cosworthpublishing.com.*

Entonces, de vez en cuando, te avisaremos por correo electrónico cuando tengamos un libro nuevo que te podría interesar.

No lo haremos muy seguido porque somos muy flojos, y no hacemos tantos libros nuevos.

www.ingramcontent.com/pod-product-compliance
Lightning Source LLC
Chambersburg PA
CBHW050017040726
47599CB00014B/1432